AF206121

Beantwortung der Frage:

Was ist Demokratie?

– oder –

Warum Wahlen nie die Lösung waren

von *Malte Albert*

Bibliografische Information der Deutschen Nationalbibliothek:
Die Deutsche Nationalbibliothek verzeichnet diese Publikation
in der Deutschen Nationalbibliografie; detaillierte bibliografische
Daten sind im Internet über http://dnb.dnb.de abrufbar.

Herstellung und Verlag:
BoD – Books on Demand, Norderstedt

ISBN: 978-3-7494-9819-2

Inhaltsverzeichnis

Einführung

Zweimal in der Zivilisationsgeschichte, in der Antike und während der Aufklärung, flackerte die Idee der Demokratie kurzzeitig als historisch singuläre Erscheinung inmitten einer Kontinuität autoritärer Herrschaftsformen auf. Wann immer sie die politische Bühne betrat, sorgte sie für intensive Spannungsfelder zwischen den Interessen der jeweils herrschenden Oberschicht und jenen der ihr unterworfenen Masse. Der Grund hierfür ist schnell gefunden – und schon Aristoteles erkannte ihn als das gravierende Grundparadoxon der Demokratie; nämlich, dass die Mehrheit der Nicht-Besitzenden jederzeit der besitzenden Minderheit ihr Eigentum streitig machen könnte. Epochenübergreifend bargen demokratische Ideen damit aus Sicht der besitzenden Klasse keinerlei echte Vorzüge, sondern bedrohten schlichtweg ihren gesellschaftlichen Status.

Obwohl die Demokratie für die jeweils Mächtigen einer Gesellschaft also die wohl unattraktivste Regierungsform darstellt, gelang es ihr augenscheinlich doch, vor allem über die letzten zwei Jahrhunderte einen globalen Siegeszug anzutreten. Das scheint erklärungsbedürftig – oder nicht? Denn ist es nicht ein naiver Trugschluss, heute anzunehmen, die Mächtigen dieser Welt hätten sich am Ende bereitwillig, einsichtig und nahezu Widerstandslos den Ohnmächtigen unterworfen? Sollte die Demokratie zu guter Letzt tatsächlich im Zentrum der Gesellschaft angekommen sein? Schließlich stünde dies in diametraler Weise dem Faktum entgegen, dass der Wohlstand der besitzenden Klasse heute ein bisher unbekanntes Ausmaß erreicht hat. Während nie zuvor mehr formal–demokratische Staaten existierten, war auch die Ungleichverteilung niemals so gewaltig wie heute: Die reichsten 45 Deutschen besitzen etwa so viel wie die ärmere Hälfte der Bundesrepublik.[1] Derweil beanspruchen die reichsten 62 Personen der Welt ebenso viel für sich wie die ärmere Hälfte der Menschheit, rund 3,7 Milliarden Menschen.[2] Gleichzeitig verfügt das reichste Prozent der Welt mittlerweile über 50,8 Prozent des Weltvermögens;[3] und damit über mehr als die restlichen 99 Prozent der Erdenbürger zusammen. Kann dieses maßlose Auseinanderdriften des globalen Wohlstands, welches jenseits absolutistischer Exzesse liegt, wirklich Produkt einer demokratischen Ordnung sein? Kann die massive Konzentration von Reichtum bei einigen wenigen parallel zur Demokratie existieren, ohne dass eine Umverteilung *von der Mehrheit für die Mehrheit* auch nur zur Debatte stünde?

Um zu verstehen, wie die enorme Ungleichverteilung dieser Tage vor demokratischem Zugriff geschützt wird, warum Wahlen nicht die Lösung sind und warum sie niemals als solche gedacht waren, bedarf es einer Aufarbeitung der Demokratiegeschichte: von der Antike (I) über die Aufklärung (II) bis in die Gegenwart (III)...

I

Die Antike

Die Wiege der Demokratie findet sich bereits in der griechischen Antike, wo sie in der attischen Provinz als partizipatorisches Organisationsprinzip ihre damalige Blütezeit erlebte. Entsprechend entstammt das Wort *Demokratie* etymologisch dem Altgriechischen, als Synthese zweier Begriffe: *Demos* und *Kratein*. Geprägt durch das moderne Nationalstaatsdenken, erfolgt die heutige saloppe Übersetzung von Demokratie zumeist als »Herrschaft des Volkes«, nach dem Konzept des Staatsvolkes, was einer historischen Betrachtung allerdings nur bedingt standhält. Tatsächlich nämlich stand dem Wort *Demos*, unpräzise als »Volk« übersetzt, zu jener Zeit nirgends ein angemessenes Gesellschaftskonstrukt gegenüber, welches mit der neuzeitlichen Definition eines »Staatsvolkes« korrespondiert hätte. Ein echtes Griechenland, konstituiert als einheitliche Verwaltungszone bzw. als Staatsapparat, war noch nicht existent. Vielmehr regierte zur Hochphase der antiken griechischen Kultur eine Vielzahl kleiner, autarker Stadtstaaten, wie Troja, Sparta oder Athen, welche untereinander oftmals stark verfeindet waren. Das Anwendungsgebiet der Demokratie bezog sich daher allenfalls auf eine städtische Situation, niemals aber auf eine große Provinz, geschweige denn auf einen Staat nach heutigem Vorbild. Als größte damalige Stadt galt Athen, mit lediglich rund 35.000 Einwohnern. Nach heutigem Sprachgebrauch ist unter *Demos*, akkurat übersetzt, also nicht »(Staats-)Volk«, sondern »Dorfgemeinschaft« oder »Stadtgemeinschaft« zu verstehen – was die historischen Zusammenhänge unmissverständlich aufzeigen. Denn wieso sollte man ein Wort einführen und gebrauchen, für etwas, das es gar nicht gibt? Stattdessen beschrieb die Demokratie, ausgehend vom Wortbestandteil *Demos*, implizit das Anwendungsgebiet, für das sie galt: die dörfliche oder städtische Gemeinschaft.

Bereits zu ihren Anfangszeiten galt die Demokratie damit kleineren, übersichtlichen Einheiten. Niemals sollte sie auf eine große, unübersichtliche Struktur Anwendung finden, wie etwa die des Nationalstaates, welche den fairen Austausch von Interessen zu einem Ding der Unmöglichkeit werden lässt. Würde die Demokratie auf eine solche Struktur projiziert, so die Prophezeiung der antiken Griechen, so würde sie unweigerlich zur Tyrannis verkommen.

Wie die Geschichtsschreibung zeigt, scheinen erste »demokratische Prinzipien« um etwa 590 v. Chr. zu Zeiten des athenischen Reformers Solon erkennbar. Über sein Motiv, die Standesordnung jener Tage als vielleicht erster politischer Denker überhaupt nachhaltig anzutasten, publizierte der deutsche Kunsthistoriker Matthias Donath im Jahr

2001: »Aus Raub und Ausbeute durch die Mächtigen resultiert Knechtschaft, und diese führt wiederum zu Bürgerkrieg, der viel Blut kostet. Solon betrachtet beide Entwicklungen nicht als voneinander isoliert, sondern erkennt zwischen ihnen einen Ursache–Wirkungs–Zusammenhang. [...] Solon »demokratisiert« die Polis, indem er das Volk gegenüber dem Adel wirtschaftlich, gesellschaftlich und rechtlich stärkt.«[4]

Mit den Reformen Solons, ein zaghafter Zuspruch weniger basaler Rechte, gelang erstmals die politische Besserstellung der Unteren. Aristoteles verfasste hierauf bezugnehmend in seinem Werk *Der Staat der Athener* rund zweieinhalb Jahrhunderte später: »An der Verfassung Solons scheinen die drei folgenden Stücke am meisten demokratisch zu sein: vor allem, dass man bei Anleihen nicht mehr seine Person verpfänden darf; dann, dass jeder beliebige sich für einen, der Unrecht leidet, einsetzen darf; und das dritte, das, wie man sagt, die Macht der Menge am meisten gestärkt hat, ist das Recht, an den Volksgerichtshof zu appellieren.«[5]

Wenngleich sich damals also erste Vorboten einer volksfreundlicheren Regentschaft abzuzeichnen begannen, so sollte die Erzählung retrospektiv doch nicht zur romantischen Antike verklärt werden. Tatsächlich nämlich fußte die Idee der Demokratie bereits in ihrer Anfangsphase keinesfalls auf der Vorstellung einer Gleichwertigkeit aller Menschen, sondern auf strikten Wertigkeitshierarchien: eine Gesellschaft aus Freien und Unfreien. Während erstere, die freien griechischen Männer, sich selbst dadurch adelten, dass sie keiner Erwerbsarbeit verpflichtet waren, oblag es letzteren, den Frauen, Sklaven und Barbaren, für die Versorgungssicherheit der Freien zu sorgen. Die Unterdrückung und Ausbeutung der Unteren trug damit maßgeblich dazu bei, der Oberschicht die nötige Muße für politisches Engagement in ihrer eigennützigen Demokratie zu schenken.

Zu diesem »undemokratischen Demokratiezustand« im antiken Griechenland formulierte der deutsche Philosoph Richard David Precht in seinem Werk *Erkenne die Welt – Eine Geschichte der Philosophie* folgendes treffend: »Mochten die Verfassungen kommen und gehen, die Macht des Adels blieb immer erhalten. Wer über mehr Besitz, Geld, Zeit, Beziehungen und Ansehen verfügt, der ist in einer formal gleichberechtigten Gesellschaft nicht gleich – und ist es bis heute nicht. [...] Kaum ein Staatsmann, der in der künftigen Demokratie eine wichtige Rolle spielt, entstammt nicht vornehmem Adelsgeschlecht. Und der Großteil des politischen Ringens in der Stadt dient weder der Wahrheitsfindung noch der Gerechtigkeit, sondern den Interessen einflussreicher Clans und Familien. Das Volk, formal der Souverän, wird zum Spielball der Mächtigen.«[6]

Entgegen der heutigen Auffassung von Demokratie, galt die Wahl von Personen in der Antike nicht als ihr integraler Bestandteil. Im Gegenteil. Wo immer es möglich war, wurde auf Wahlen verzichtet. Im Mittelpunkt der demokratischen Ordnung stand der Austausch über die Interessen der freien Männer – ein Ringen um die besten politischen Ideen. Würde nicht mehr um Ideen gerungen, sondern bloß noch gewählt, so degeneriere die Polis, nach damaliger Auffassung, von einem Ort schöpferischer Debatten zu einer reinen Mehrheitsdiktatur. Der bedeutende deutsche Althistoriker Jochen Bleicken bemerkte hierzu in seinem Buch *Die athenische Demokratie*: »Das, was nach Umfang und Bedeutung heute das wichtigste Geschäft in der Demokratie darstellt, die Wahl von Personen, sahen die Athener nicht als demokratischen Wert an. Gewählt wurde nur, wenn es aus sachlichen Gründen unausweichlich war, und das heißt: gegen den Sinn der hinter der Ordnung stehenden Idee.«[7]

Sowohl Wahlen als auch Großstrukturen, also das Fundament der heutigen nationalen und supranationalen politischen Einrichtungen, stehen damit konträr zur antiken Vorstellung von dem, was Demokratie bedeutet.

II

Die Aufklärung

Mit der schrittweisen Einverleibung Griechenlands durch den zentralistisch gesteuerten Machtapparat des Römischen Reichs schwanden die bis dato errungen demokratischen Prinzipien. Es folgte eine etwa zwei Jahrtausende andauernde Periode unverblümter Machtasymmetrien zwischen Herrschern und Beherrschten, in deren Verlauf sich weltliche und geistliche Machthaber das Zepter in die Hand gaben bzw. blutig um dieses stritten.

Erst in der Neuzeit trug der von einem Wandel in der Gesellschafts- und Arbeitswelt beflügelte Wind des Zeitgeistes demokratische Gedanken in das allgemeine Volksbewusstsein zurück. Begleitet durch einen Anstieg der Alphabetisierung sowie ein Aufbegehren des nun zunehmend gebildeten Bürgertums gegen die feudalen Ausuferungen jener Tage traten immer energischere Gegenbewegungen zum klerikalen und absolutistischen Größenwahn auf den Plan.

Bereits ab dem 17. Jahrhundert diskutierten intellektuelle Kreise vermehrt liberal-demokratische Ideen, welche mit der Zeit auch von breiteren Bevölkerungsschichten rezipiert wurden. Entgegen der Bestrebungen von Kirche und Adel, entfaltete das nun um sich greifende progressive Weltbild ein bis dato ungeahntes Verlangen nach bürgerlich–liberaler Autonomie. Das Streben nach sozialer Gleichheit und Mitbestimmung sowie der Kodifizierung von Menschenrechten zur Einhegung von Willkür und Machtmissbrauch machte sich in den Köpfen breit. Oder kurz: das Streben nach Humanismus. Es war jene Spanne in der Entwicklungsgeschichte, an dem der normative Kern des Links–Seins – die Akzeptanz aller als Freie und Gleiche (präziser: Gleichwertige), unabhängig von ihrer faktischen Differenz – aus der Taufe gehoben wurde; wenngleich die politische Substantivierung des Links–Begriffs erst im Zuge des Französischen Nationalkonvents ab 1792 erfolgte. Seither steht der Egalitarismus als wahrhaft linke Position, als das Streben nach einer menschenwürdigeren Gesellschaft, der politischen Rechten, mit ihrem Anspruch auf Konservatismus sowie sozialer und rechtlicher Privilegierung gesellschaftlicher Gruppen, gegenüber.

– Das politische Ideal der Aufklärung –

Das politische Ideal der Aufklärung bestand darin, zivilisatorische Schutzbalken gegen die dunklen Seiten des Menschen einzuziehen, um durch die Einhegung seiner Macht seine historisch angerichteten Blutspuren künftig zu verhindern. Ein entscheidender Aspekt sollte dabei die Zustimmung der Beherrschten zur Herrschaft sein: Jeder Regent müsse stets durch das allzeit souveräne Volk legitimiert und kontrolliert werden, und notfalls durch selbiges aus seinem Amt zu entfernen sein – aperiodisch! Hierfür hat die Gesellschaftskompetenz der Selbstgesetzgebung grundlegend und unwiderruflich in der Hand des Volkes zu liegen; alle Staatsapparate und Staatsdiener haben sich dem demokratischen Gesetz unterzuordnen! Bereits Platon merkte weitsichtig an, er sehe »den Untergang für jeden Staat kommen, in dem nicht das Gesetz über den Herrscher bestimmt, sondern dieser über das Gesetz.«[8]

Anstatt also den Restaurationsbestrebungen der Herrscherhäuser das Wort zu reden, sollte im Wissen um die Missstände in der überkommenen feudalen Gesellschaftsordnung fortan folgendes gelten: Jeder Mensch sollte einen angemessenen Mitbestimmungsanteil an allen Entscheidungen erhalten, die sein Leben und das Zusammenleben seiner Gemeinschaft betreffen. Ins Zentrum dieser aufgeklärten Demokratie wurde hierfür der gleichberechtigte Austausch über die Interessen aller Beteiligten gestellt, in einem unablässigen Bemühen um Konsensbildung. Das Einnehmen einer übersubjektiven Perspektive, um sich in die Lage seines Gegenübers zu versetzen und seine Interessen und Bedürfnisse nachzuvollziehen, galt dabei als unverzichtbare Voraussetzung – und als nächster logisch–konsequenter Schritt in Richtung einer zivilisatorischen Höherentwicklung. Das weltanschauliche Fundament dieser neuen Ordnung bildete dabei das Subjekt als vernunftbegabtes Wesen. Anstatt im Kollektivismus verhaftet dogmatische Ideologien der weltlichen und geistlichen Herrscher nachzubeten, sollte das Individuum durch die Berufung auf die Vernunft als universelle Urteilsinstanz eigene Vorstellungen entwickeln. Den Aufklärern zufolge verhelfe die Überwindung von bloßem Glaube und Aberglaube Unmündigen zur Mündigkeit. Immanuel Kant formulierte diesbezüglich in seiner Schrift *Beantwortung der Frage: Was ist Aufklärung?* seinen berühmten Zweizeiler: »Aufklärung ist der Ausgang des Menschen aus seiner selbstverschuldeten Unmündigkeit. Unmündigkeit ist das Unvermögen, sich seines Verstandes ohne Leitung eines anderen zu bedienen.«[9]

– Die Blockade des Ideals –

Obschon die Aufklärungsliteraten wichtige Vordenker der damaligen Prozesse waren, so wurde die Demokratieidee doch bereits in ihren Reihen um ihr wirklich radikales, revolutionäres Element entschärft. Anstelle der Forderung, das demokratische Prinzip konsequent bis in die letzten Astspitzen der Gesellschaft durchzudeklinieren, reduzierte man die Einhegung der Macht vorsichtshalber auf eine Teilung staatlicher Gewalt. Die angestrebte Zügelung autoritärer

Herrschaft, wie sie das Bürgertum ersehnte, stand damit zumindest teilweise nach wie vor im Einklang mit einer abermaligen Reproduktion von Machtasymmetrien.

Unter Bezugnahme auf seinen englischen Philosophenkollegen John Locke entwickelte der französische Baron Montesquieu im Jahre 1748 in seiner Schrift *De l'esprit des lois* das Konzept der dreigliedrigen Kontrollinstanz, womit er die bisherige Zweiteilung aus Legislative und Exekutive um die Judikative, die richterliche Gewalt, ergänzte. Als *Checks and Balances* bezeichnet Floß diese Form der Gewaltenteilung erstmals 1787 als politisches Programm in eine Verfassung ein: in den Vereinigten Staaten von Amerika.

Obwohl die neuzeitliche Faszination für die Demokratie von Europa ausging, vollzog sich die aus heutiger Sicht entscheidende Wende in ihrer Entwicklungsgeschichte im Amerika des 18. Jahrhunderts. Zu jener Zeit behaupteten sich die dreizehn Kolonien an der nordamerikanischen Ostküste gegen die sie unterdrückende Kolonialmacht aus Übersee. Im damals gefochtenen Unabhängigkeitskrieg zwischen 1775 und 1783 errungen die von Großbritannien besetzten Gebiete das Recht, einen souveränen Staatenbund zu bilden. Höhepunkt der Auseinandersetzungen war die Proklamation ihrer Loslösung am 4. Juli 1776, dem berühmten *Independence Day*.

Der Weg bis zur Festlegung der politischen und rechtlichen Grundordnung der USA durch die am 17. September 1787 in Kraft getretene Verfassung war von langatmigen Interessenkonflikten geprägt. Während die politische Bewegung der *Federalists* als Befürworter einer starken Zentralregierung monarchieähnliche Strukturen etablieren wollte, bezogen die *Anti–Federalists* aus Sorge um die Souveränität der Einzelstaaten oppositionelle Stellung. Es war ein Dualismus, welcher rückblickend als Geburtsstunde des modernen Zweiparteiensystems in den USA gilt.

Während die Gründerväter um das aus ihrer Sicht beste Organisationsprinzip für die USA rangen, erstarkte die europäisch inspirierte Demokratiesympathie in der Bevölkerung zusehends; mit sich artikulierenden Forderungen nach Einflussnahme und Selbstbestimmung. Das Ziel der Föderalisten – mit ihren bekanntesten Vertretern Alexander Hamilton, James Madison und John Jay –, eine starke zentralistische Republik mit Machtmonopol zu errichten, konnte solchen Ansprüchen nicht genügen. Das Volk verlangte nach mehr als einer althergebrachten Herrschaft von Eliten, die sich allenfalls vordergründig dem Gemeinwohl verpflichtet fühlen. Da das zu verwaltende Gebiet für eine partizipatorische Demokratie nach altgriechischem Muster jedoch zu groß war, man es mit dem Volkseinfluss (vorurteilsbedingt) lieber nicht »zu weit treiben« wollte und die antike Demokratie noch bis ins 19. Jahrhundert als Pöbelherrschaft (*Ochlokratie*) diffamiert wurde, suchte man nach neuen Ideen, um den Territorialstaat einzurichten. Als entscheidendes Kriterium galt dabei die Erhaltung des Wohlstandes, konzentriert in den oberen Kreisen.

– Die repräsentative Demokratie –

Das ambitionierte Projekt der Gründerväter bestand also darin, ihr Potpourri von Einzelstaaten derart zu organisieren, dass die entstehende Struktur sowohl den demokratischen Ansprüchen des Volkes gerecht werden, als auch ihren Status als besitzende Klasse schützen konnte. »Leute, die das Land besitzen, sollen es auch regieren!«[10], postulierte John Jay diesbezüglich im verbalen Gefecht. James Madison bemerkte auf der Delegiertenversammlung *Constitutional Convention* am 26. Juni 1787, die Hauptverantwortung der künftigen Regierung sei es, »die Minderheit der Wohlhabenden vor der Mehrheit zu schützen«[11]. Dies jedoch, so erkannte schon Aristoteles, war mit einer echten Demokratie nicht möglich. Das oberste Ziel der neuen Verfassung solle daher nicht die Schaffung von demokratischen Zuständen, sondern die Sicherung der bestehenden Eigentumsordnung sein. Im Zentrum des Interesses stand die Stabilisierung des vorherrschenden Machtgefüges zugunsten der besitzenden Klasse.

Das innovative Konzept, mit dem die Gründerväter dieses Ziel zu erreichen suchten, lautete deshalb: *»Demokratie« ohne Demokratie!*

Was bedeutet das? Da die Vorstellung der Demokratie in den Reihen des Volkes eine Faszination entfaltete, entschloss man sich, den Begriff auch für das neue Regierungssystem als Worthülse beizubehalten, ihn jedoch mit neuem Gehalt zu versehen. Zu diesem Zweck führte Alexander Hamilton den Begriff *representative democracy* im Rahmen der Erarbeitung der US-Verfassung erstmalig ein. Als politisches Novum sah das Dokument eine föderale Republik im Stile eines präsidentiellen Regierungssystems vor – das erste System seiner Art. Anstatt die Kompetenz der Selbstgesetzgebung hierbei in die Hand des Volkes zu legen, wie es das radikal-demokratische Prinzip der Aufklärung verlangte, basierte das moderne Demokratiemodell nunmehr auf dem Konzept politischer Repräsentanten; auf der Abgabe von Macht an einige wenige. Der besondere Schachzug lag dabei – aus Sicht der Eliten – im beschränkten Zugriff des Volkes auf politische Entscheidungen: Die periodische Wahl von Repräsentanten, formale Volksvertreter, de facto das Personal der Mächtigen, führte zum gewünschten Spagat zwischen gefühlter Einflussnahme und Unwirksamkeit politischer Teilhabe. Während sich die neue Demokratie nur noch dem Namen nach aus demokratischen Elementen speiste, diente ihre Kreation als politische Balustrade, als Pufferzone zwischen Volk und Eliten.

Einzig unter dieser Voraussetzung, nämlich, dass selbst die Einführung einer Demokratie den Machtstatus der herrschenden Eliten nicht gefährden würde, konnte sie zu einer auch von diesen akzeptierten Regierungsform werden. Das Modell der repräsentativen Demokratie wurde erdacht, um echte Demokratie abzuwehren. Es ist eine Variante des Originals, die als sein Gegenstück, ja sogar als sein Feind zu betrachten ist.

»Die Repräsentation, zumindest als politische Idee und Praxis, kam nur in den frühen modernen Perioden auf und hatte nicht das geringste mit Demokratie zu tun.«[12] (*Hanna Fenichel Pitkin*)

III

Die Gegenwart

Dank der Einführung der repräsentativen Demokratie, wie sie noch immer besteht, gelang es, das gigantische emanzipatorische Potenzial der Demokratieidee auf den bloßen Wahlakt zu reduzieren. Es gelang, die Bestrebungen eines jeden Staatsbürgers nach Mitgestaltung seines eigenen Lebens auf den turnusmäßigen Urnengang einzudampfen. Der Wunsch nach ergiebiger Partizipation blieb damit reines Wunschdenken. Denn obgleich diese Betrachtung dem politischen Zeitgeist der Gegenwart zuwiderläuft: Die Wahlen sind der uninteressanteste, belangloseste Aspekt der Demokratie! Ursprünglich – schon bei den Griechen der Antike – waren sie nicht mehr als eine Notlösung, wenn es ganz und gar aussichtslos erschien, auf einem anderen Weg zu einem Konsens zu gelangen. Sie sollten die Ultima Ratio, niemals aber das Kernelement von Einigkeitsbemühungen sein. Ein Mehrheitsentscheid galt es nur vorzunehmen, sofern man sich sonst nicht zu helfen wusste, niemals sonst. Das Überbleibsel einer Entscheidungsmöglichkeit à la A oder B, wie es heute als charakteristisch für die Demokratie fehlinterpretiert wird, ist der Inbegriff einer vollständigen Entleerung des Demokratiegedankens. Vor allem dann, wenn sowohl A als auch B einem vordefinierten, vom Volk entkoppelten elitären Spektrum entstammen.

Die US-amerikanische Historikerin Ellen Meiksins Wood formulierte hierüber in ihrem Buch *Demokratie contra Kapitalismus*: »Wir haben uns an die Formel der repräsentativen Demokratie so gewöhnt, dass wir zumeist vergessen, dass dieses US-amerikanische Idee ein Novum war. In ihrer föderalistischen Ausformung bedeutete sie jedenfalls, dass das, was bis dahin als Antithese zur demokratischen Selbstbestimmung begriffen wurde, nun nicht nur vereinbar mit, sondern konstituierend für die Demokratie war: Nicht die Ausübung der politischen Macht, sondern der Verzicht auf sie, ihre Übertragung auf andere, d. h. die Entfremdung von ihr.«[13]

Entgegen Kants menschlichem Ideal eines mündigen Bürgers, ist die politische Entmündigung jenes Konzept, welches sich nunmehr Demokratie schimpft. Die vielfach diskutierte Endpolitisierung des Volkes, welche man heute gerne mit Sorge zu erkennen vorgibt, ist in diesem System bewusst implementiert. Erstmals wurden Unmündigkeit und Teilnahmslosigkeit damit für ein formales System der Mitbestimmung zur Voraussetzung. Sie sind nicht mehr nur unerwünschte Randerscheinungen, sondern das Herzstück der Idee.

Eine Vielzahl bedeutender politischer Intellektueller brachte ihr Aufbegehren gegen die verquere Variante der Demokratie zum Ausdruck. Die berühmte deutsch-amerikanische Politiktheoretikerin Hannah Arendt war der Ansicht, in der repräsentativen Demokratie reproduziere sich ein weiteres Mal »die uralte Unterscheidung zwischen Herrschern und Beherrschten«[14]. Auch eine der renommiertesten Demokratietheoretikerinnen der Gegenwart, Ingeborg Maus, bezeichnete dieses Modell als eine »Refeudalisierung des politischen Systems«[15]. Das auf den Wahlakt reduzierte Partizipationsrecht des Volkes hebele dessen reale Einflussmöglichkeit nahezu aus; insbesondere auch deshalb, da alle wählbaren Alternativen stets elitetreu und damit selbst bereits nicht-repräsentativ sind. Nach Ansicht des französischen Politikwissenschaftlers Bernard Manin resultiere hieraus nicht mehr, als eine »kompetitive Oligarchie«[16], ein Schaukampf von Elite-Funktionären. Entsprechend akkurat fasste es der österreichische Politiker und Nationalökonom Joseph A. Schumpeter, als er die heutige Form der Demokratie als »Elitendemokratie«[17] bezeichnete. Bereits 1942 erkannte er die repräsentative Demokratie in seinem Werk *Kapitalismus, Sozialismus und Demokratie* als eine prozedurale Methode, die rein der Auswahl von politischem Führungspersonal diene, nicht jedoch von Führungspersonen selbst. Möge die Mehrheit auch glauben, einflussreiche Politiker zu wählen: die Zügel in der Hand halten diese nicht. Die Funktion der Wahlen ist es, Sandsack bürgerlicher Frustration zu sein – ein turnusmäßig zu öffnendes

Ventil der Empörung. Während politische Figuren zur Abwahl stehen, damit die Guillotine des medialen Schafotts Köpfe rollen lassen kann, ist die eigentliche Prozedur unablässiger Wahlspektakel nicht abwählbar. Solange das Politkarussell fleißig rotiert, wieder und wieder, ad infinitum, weiß sich der machtpolitische Status quo zementiert.

»Parlamentswahlen spielen offenkundig in kapitalistischen Demokratien für alle grundlegenden politischen Entscheidungen keine Rolle mehr, und die großen politischen Entscheidungen werden zunehmend von Instanzen und Akteuren bestimmt, die nicht der Kontrolle der Wähler unterliegen. Während also die Hülle einer repräsentativen Demokratie weitestgehend formal intakt erscheint, wurde sie ihres demokratischen Kerns nahezu vollständig beraubt, so dass Demokratie für die eigentlichen Zentren der Macht keine Risiken mehr birgt. Diese Entwicklung war bereits in der Erfindung der repräsentativen Demokratie angelegt und wurde seitdem strukturell, prozedural und ideologisch konsequent und systematisch vorangetrieben.«[18] (*Rainer Mausfeld*)

30

– Die Parteienpolitik –

Als entscheidendes Tragelement bei der Aushebelung des demokratischen Ideals ist die – heute so furchtbar triviale – Praxis der Parteienpolitik zu nennen. Ihr Ursprung findet sich bereits im 18. Jahrhundert, zu Zeiten des Heranreifens der US-Verfassung, mit der durch Gründervater Thomas Jefferson formierten *Democratic-Republican Party*. Nach modernem Parteienverständnis einer gezielten, strategischen Bündelung von Interessen gilt sie als erste politische Partei überhaupt.

Mit dem Wesen der Partei trat etwas gänzlich neues in die Welt der Politik – und brachte zugleich grundlegende Probleme mit sich. Ihre straff hierarchische, mitunter totalitäre Organisationsstruktur mutet insbesondere im Kontext demokratischer Ideale befremdlich an. Sie ist ein Gebilde, hinter dessen demokratischem Anschein zutiefst undemokratische Prinzipien dominieren. Parteien sind darauf ausgelegt zu wachsen, zu überzeugen, nicht zu tolerieren oder gar zu akzeptieren.

Bereits die Wortherkunft des Parteien-Begriffs vom lateinischen *pars*, der Genitiv von *partis*, was so viel wie »Teil« oder »Richtung« bedeutet, verdeutlicht die den Parteien innewohnende Problematik: Sie repräsentieren eine Teilmenge des Gesamtinteresses, welche schon konzeptuell in eine selbstbezogene Richtung steuert. Die Spaltung des Volkes in Interessengruppen ist hierbei konstitutiv, sie ist systemimmanent. Das Wesenhafte der Parteienpolitik ist somit die Bestimmung der eigenen Identität durch Abgrenzung zur notwendigen Opposition – ihr Konzept ist die Lagerbildung, die Streitkultur, der soziale Krieg. *Divide et impera* – teile und herrsche, lautet das Rezept, welches seit rund zwei Jahrtausenden die Wenigen über die Vielen triumphieren lässt und sich gegenwärtig in den Sphären der Parteienlandschaft wiederfindet.

Wenn Politik jedoch tatsächlich das allumfassende Gemeinwohl anvisierte, wie es die Aufklärung tat, schlösse dies die systemische Aufspaltung in Interessengruppen automatisch aus. Parteipolitik und Gemeinwohl sind unter keinen Umständen vereinbar.

»Die Parteien sind ein fabelhafter Mechanismus, der bewirkt, dass über ein ganzes Land hinweg nicht ein einziger Geist seine Aufmerksamkeit der Anstrengung widmet, in den öffentlichen Angelegenheiten das Gute, die Gerechtigkeit, die Wahrheit zu erkennen. Daraus ergibt sich, von ganz wenigen Ausnahmen abgesehen, dass nur Maßnahmen beschlossen und durchgeführt werden, die dem Gemeinwohl, der Gerechtigkeit und der Wahrheit entgegenstehen.«[19] (*Simone Weil*)

– Der öffentliche Debattenraum –

Das Herzstück einer demokratischen Ordnung ist der für Jedermann zugängliche öffentliche Debattenraum. Er ist jener Garant, welcher das Austarieren und in Einklang bringen mannigfaltiger Interessen in einer komplexen, pluralen Gesellschaft unter fairen Bedingungen erlaubt. Nur mit seiner Hilfe ist es möglich, die gleichberechtigte Kommunikation auf Augenhöhe zu gewährleisten, die zur nachhaltigen Ausbildung eines Gemeinsinns vonnöten ist. Wird er durch Einzelne gesteuert, verfälscht oder manipuliert, also kurz: von Partikularinteressen dominiert, so ist das wichtigste Medium zur Ausbildung der öffentlichen Meinung beschädigt, und insofern antidemokratisch verfasst.

Die hinsichtlich einer Dreigliedrigkeit der Gewalten oft als »vierte Gewalt« bezeichneten Herrscher über den öffentlichen Debattenraum sind heute die Massenmedien. Im Gewand selbstloser Medienhäuser auftretend, obliegt es ihrem oligopolistischen Gutdünken, durch die Art und Weise ihrer Berichterstattung landesweit Meinungen zu biegen und zu formen. Dabei beschreiben sie zu keiner Zeit die Realität – diese Funktion vermögen sie bereits rein operativ nicht zu erfüllen –, sondern erzeugen sie (der Wahrnehmung nach) für ihre Konsumenten. Sie sind kein »Wahrheitsvermittlungsmedium«, das dem Anspruch maximaler Objektivität genügen könnte. Stattdessen stellen sie durch ihre Mechanismen, die Themenauswahl, die Inszenierung von Meldungen, das bewusste oder unbewusste Weglassen von Informationen usw. das, was wir gemeinhin Öffentlichkeit nennen, erst her – wie eine Fülle von empirischen Studien seit über einem Jahrhundert unermüdlich aufzeigt.

Als entscheidende Schnittstelle zwischen den Köpfen der Masse sind es die Massenmedien, welche die machtpolitische Schlüsselrolle besetzt halten: In vom Mediendiskurs durchzogenen Gesellschaften wie den heutigen, entspricht die öffentliche Meinung unweigerlich der veröffentlichten Meinung. Sind dabei die Medienkonzerne in den Händen von nur wenigen konzentriert (und intentional mit den tatsächlichen machtpolitischen Zentren, dem Großkapital, verwoben), so sind es die unfreien Presseorgane, welche in einem Land der formalen Pressefreiheit die freie Presse unterminieren. Die Meinung der Vielen wird durch die Wenigen beherrscht – und damit auch der politische Fortgang der Dinge.

Der Großteil dessen, was einen Wähler dazu befähigen könnte, einem Kandidaten sein Vertrauen zu schenken, erfährt er aus der Presse. Sie ist die zentrale Variable, die den Kurs der Politik bestimmt – in einem System, in dem die Politik–Kommunizierenden in puncto Meinungsbildung oberhalb der Politik–Machenden stehen. In Folge dessen sehen sich politische Vertreter jedweder Couleur seit langem dazu genötigt, sich ihre Ressourcen bei den Medienhäusern zu erbetteln.

Schon seit den Anfängen des massenmedialen Zeitalters, vor über einem Jahrhundert, gilt das Beherrschen der öffentlichen Meinung als das mächtigste Werkzeug zur Steuerung scheindemokratischer Gesellschaften. So publizierte der einflussreiche US–amerikanische Journalist und Intellektuelle Walter Lippmann bereits 1922 seine Monographie *Puplic Opinion* (*Die öffentliche Meinung*), eine der bis heute relevantesten Schriften der Medien- und Politikwissenschaften sowie der Sozialpsychologie. Als enger Berater des ehemaligen US–Präsidenten Woodrow Wilson gilt er heute als einer der wichtigsten Polittheoretiker aller Zeiten.

Für die erfolgreiche Aufrechterhaltung einer Fassadendemokratie solle Lippmann zufolge ein propagandistisches »Sicherheitsnetz« zur Erlangung der Deutungshoheit errichtet werden. Mit seiner Hilfe ließe sich die öffentliche Meinung, dank massenmedialer Einflussnahme, derart korrigieren, dass die Eliten, als Experten sowie handelnde Akteure im Stillen, »durch das Getrampel und Geschrei der verwirrten Herde nicht beeinträchtigt werden.«[20]

Ähnliches formulierte auch einer der wichtigsten Vordenker und Mitbegründer der »Mediendemokratie«, Edward Bernays, im Jahre 1928 in seinem Standardwerk *Propaganda*:

»Die bewusste und zielgerichtete Manipulation der Verhaltensweisen und Einstellungen der Massen ist ein wesentlicher Bestandteil demokratischer Gesellschaften.«[21] Speziell die Überflutung mit Nichtigkeiten zum intendieren kognitiver Erschöpfungszustände, die unablässige Verbreitung von Schreckensmeldungen zur Erzeugung von Angst und Lethargie sowie das gebetsmühlenartige Wiederholen bestimmter Sprachmuster zur Ausdrucks- und Denkbeeinflussung gelten hierbei als probates Mittel. Überdies gilt die Einengung des Debattenraums selbst, durch das permanente öffentliche Gutheißen und Anprangern bestimmter Aussagen oder Haltungen, als effektive Methode, um Menschen in der Spur zu halten. Der US-amerikanische Linguist und weltbekannte Links-Intellektuelle Noam Chomsky bemerkte hierzu: »Der smarte Weg, um Menschen passiv und gefügig zu machen, ist, das Spektrum der akzeptierten Meinung strikt zu limitieren, gleichzeitig aber eine lebhafte Diskussion darin zuzulassen.«[22]

»Der Journalismus ist ein Mittel, durch den eine wirtschaftliche Autokratie die Demokratie kontrolliert; es ist die alltägliche Propaganda zwischen den Wahlen, durch die das Bewusstsein der Bürger in einem Zustand der stillschweigenden Billigung gehalten wird.«[23] (*Upton Beall Sinclair*)

Conclusio

Seit ihren Anfängen war die repräsentative Demokratie das Gegenteil dessen, was sie zu sein behauptete: nicht die Demokratie, sondern die Antidemokratie – eine Fassade, ein Schein, ein Komplott der Wenigen gegen die Vielen. Ihr phänomenaler Siegeszug ist in kaum zu unterschätzendem Maße der Demokratierhetorik geschuldet, welche die menschliche Neigung zum »Wortaberglauben« missbraucht, um auf der Klaviatur seines Geistes zu spielen: Während jedes Kind negiert, dass der Zitronenfalter Zitronen faltet, bestreiten nach wie vor nur wenige, dass die repräsentative Demokratie Demokratie repräsentiert.

Dabei lässt sich nicht sagen, die politische Wortakrobatik hätte keine glorreiche Tradition: Bereits in der Antike wog die Darbietung der Politik ähnlich schwer wie ihre Inhalte. Die Redner der griechischen Polis versuchten die Menschen hinzureißen und mit ihren Phantasien zu entzücken. Wenngleich man sich heute modernerer Termini bedient, hat sich am Zauber der Worte wenig geändert. Noch immer sind es wohlklingende Floskeln und Phrasen, welche das Volk frohlocken lassen. *Demokratie, Freiheit, Wohlstand, soziale Gerechtigkeit* oder *Chancengleichheit* zählen unabhängig von ihrer Verwirklichung generationenübergreifend zu den Verkaufsschlagern; während Prekärbeschäftigungen im Niedriglohnsektor ausgebaut, Arbeitslose in ein Überwachungsregime gepresst, Rentner im Stich gelassen, Schulen und Kliniken kaputtgespart, Hochschulen kommodifziert und damit marktwirtschaftlichen Konkurrenzprinzipien unterworfen sowie Volkseigentümer staatlicherseits privatisiert werden.

Eine ganze Palette von Beispielen ließe sich anführen, welche belegten, in welch eklatanter Weise die politische Ideologie der »Demokratie« und die tatsächlichen politischen Maßnahmen der Regierungen auseinanderklaffen. Sei es die brutale Gegenwehr auf die zivilisatorischen Bestrebungen in den USA der 1960er; die blutige Zerschlagung des Bergarbeiterstreiks in Großbritannien unter Margaret Thatcher in den 1980ern; die politische Okkupation Griechenlands durch die diktatorische Troika ab 2010; die Nichtanerkennung des Unabhängigkeitsreferendums von Katalonien in 2017, mit der Absprache politischer Autonomie und abrupter Zwangsverwaltung; oder so viele andere mehr – die Liste wäre ausgiebig fortsetzbar.

Wer die Geschehnisse, die sich innerhalb des politisch aufoktroyierten »demokratischen Deutungsrahmens« vollziehen, mit klarem Verstand reflektiert, der wird nur wenig Zweifel an den hier nun getätigten Aussagen hegen. Wo Menschenrechte, Meinungsfreiheit, Selbstbestimmung und Egalität als garantierte Rechte existieren sollen, kann es eine macht–durchtränkte, gerade diese ehrenwerten Ziele unterjochende Politik nicht geben. Dem emanzipatorischen Anspruch der Aufklärung zufolge gölte die Demokratie sämtlichen zentralen Aspekten einer Gemeinschaft, ohne Ausnahme. Stattdessen werden die tragenden Säulen der bestehenden Ordnung durch totalitäre, faschistoide und somit durch und durch antidemokratische Strukturen verkörpert. Hierarchisch organisierte, unkooperative Machtkonstrukte wie Parteien und Konzerne jonglieren die Geschicke der Masse nach Belieben, unterstützt durch »Meinungsmacher«, »Wahrheitsvermittler« und »Weltbilderzeuger« im Gewand selbstloser Medienhäuser und eines staatlich–autoritären Bildungsapparats. Wird das Prinzip unaufhörlicher Urnengänge nicht durchbrochen, so ist der alte bürgerliche Traum einer Gesellschaft der *Freiheit – Gleichheit – Brüderlichkeit* nicht mehr, als eine unerreichbare Traumtänzerei.

»Diejenigen, die entscheiden, sind nicht gewählt und diejenigen, die gewählt wurden, haben nichts zu entscheiden.«[24] (*Horst Seehofer*)

Summa summarum bleibt zu sagen: Auch nach tausenden von Jahren Kulturgeschichte steckt die Gesellschaft politisch noch in ihren Kinderschuhen, allenfalls in einer Form der politischen Pubertät. Erwachsen jedoch ist sie noch lange nicht. Natürlich nicht. Denn eben dann, wenn die rechtliche

Volljährigkeit eines jeden erreicht wäre, begibt man sich sogleich in die Hände politischer Erziehungsberechtigter: im fliegenden Wechsel werden aus gesetzlichen Vertretern gesetzliche Volksvertreter. Wann aber wäre die Zeit gekommen, in der man selbst sein politisches Ich vertritt? Ist nicht eine solch intendierte Unmündigkeit offensichtlich die Ursache der gravierenden politischen Unterentwicklung dieser Tage? Wäre es also nicht an der Zeit, endlich mündig zu werden und seine Stimme zu behalten und zu erheben, anstatt abzugeben? Ist es nicht an der Zeit, endlich Mut zu beweisen und Verantwortung zu übernehmen – und als kollektive Nichtwähler endlich souverän zu werden?

Quellenverzeichnis

1) Vgl. Deutsches Institut für Wirtschaftsforschung: Looking for the Missing Rich: Tracing the Top Tail of the Wealth Distribution. Stefan Bach, Andreas Thiemann and Aline Zucco, Discuission Papers 1717, 2018: http://www.diw.de/documents/publikationen/73/diw_01.c.575768.de/dp1717.pdf, zuletzt aufgerufen am 07.07.2019.

2) Oxfam: An Economy for the 1%. How privilege and power in the economy drive extreme inequality and how this can be stopped. 210 Oxfam Briefing Paper. 18 January 2016. S. 2.

3) Oxfam: An Economy for the 99%. It's time to build a human economy that benefits everyone, not just the privileged few. Oxfam Briefing Paper. January 2017. S. 2.

4) Donath, Matthias: Demokratie und Internet: Neue Modelle der Bürgerbeteilung an der Kommunalpolitik – Beispiele aus den USA. Campus, 2001, S. 34.

5) Aristoteles: Staat der Athener, Kap. 9. In der Übersetzung von Mortimer Chambers, 1. Auflage. De Grutyer, 1990, S.18 (hier ist anstatt von »demokratisch« von »volksfreundlich« die Rede).

6) Precht, Richard David: Erkenne die Welt, Eine Geschichte der Philosophie. Goldmann, 2015, S. 125.

7) Bleicken, Jochen: Die athenische Demokratie, 4. Auflage. Ferdinand Schöningh, 1995, S. 225.

8) Platon, zitiert nach: Demokratie als Religion? Über die erschreckenden

Hintergründe eines Dogmas. Wissensmanufaktur, 2009, S. 3.

9) Kant, Immanuel: Beantwortung der Frage: Was ist Aufklärung? 1. Absatz, 1784.

10) Jay, John, zitiert nach: Monaghan, Frank: John Jay: Defender of Liberty. Bobbs-Merrill, 1935, S. 323.

11) Madison, James: Consitutional Convention, 26.06.1787 (Englisches Originalzitat: »...to protect the minority of the opulent against the majority.«). In: Notes of the Secret Debates of the Federal Convention of 1787, Taken by the Late Hon Robert Yates: http://avalon.law.yale.edu/18th_century/yates.asp, zuletzt aufgerufen am 08.07.2019.

12) Englisches Originalzitat in: Pitkin, Hanna Fenichel: Representation and Democracy: Uneasy Alliance, Scandinavian Political Studies. 27 no. 3. S. 335.

13) Wood, Ellen Meiksins: Demokratie contra Kapitalismus. Neuer ISP Verlag, 2010, S. 219.

14) Arendt, Hannah: Über die Revolution. Piper, 1963, S. 305.

15) Ingeborg Maus spricht weit gefasster von einer »Refeudalisierung des gesamten Rechtssystems«, explizit aber auch von einer »Refeudalisierung der politischen Integrationsmuster«. Vgl. Maus, Ingeborg: Sinn und Bedeutung von Volkssouveränität in der modernen Gesellschaft. In: Kritische Justiz, Vol. 24, No. 2. Nomos Verlagsgesellschaft, 1991, S. 137 ff., bes. S. 140.

16) Manin, Bernard: The Principles of Representative Government. Cambridge University Press, 1997, S.96 (Englisches Originalzitat: »Elections then assumed the form of a choice, but one between divided and competing elites.«).

17) Vgl. Demokratiezentrum Wien: Demokratiemodelle: Elitendemonraktie:

http://www.demokratiezentrum.org/themen/demokratiemodelle/elitende-mokratie.html?tx_jppageteaser_pi1%5BbackId%5D=2147, zuletzt aufgerufen am 08.07.2018.

18) Mausfeld, Rainer: Warum schweigen die Lämmer? Wie Elitendemokratie und Neoliberalismus unsere Gesellschaft und unsere Lebensgrundlagen zerstören. Westend Verlag, 2018, S. 138.

19) Rezitiert nach: Popp, Andreas: Politische Parteien als Auslaufmodell. Wissensmanufaktur, Dezember 2015, S. 1. Zitiert nach: Weil, Simone: Anmerkung zur generellen Abschaffung der politischen Parteien. Diaphanes, 2009.

20) Lippmann, Walter: The Phantom Public. Transaction Publisher, 2011, S. 145.

21) Bernays, Edward: Propaganda, Die Kunst der Public Relations. Deutsche Erstausgabe, 2. Auflage, orange–press, S. 8 (Originalausgabe: Propaganda. Horace Liveright, New York 1928).

22) Chomsky, Noam / Barsamian, David / Naiman, Arthur: The Common Good. Odian Press, 1998, S. 43.

23) Sinclair, Upton Beall, zitiert nach: Mausfeld, Rainer: Wie sich die »verwirrte Herde« auf Kurs halten lässt: Neue Wege der »Stabilitätssicherung« im autoritären Neoliberalismus. Vortrag auf dem 28. Pleisweiler Gespräch, 22.10.2017. Zusammenfassung der NachDenkSeiten, S. 4.

24) ZDF: Kabarett–Talk: Pelzig hält sich, 20.05.2010.